BOEKANALYSE

AF131761

Met angst en beven

· · · · · · · · · · · · · · · · ·

Amélie Nothomb

BOEKANALYSE

Geschreven door Nausicaa Dewez
Vertaald door Nikki Claes

Met angst en beven

AMÉLIE NOTHOMB

AMÉLIE NOTHOMB

BELGISCH ROMANSCHRIJVER

- **Geboren in Kobe (Japan) in 1968**
- **Opmerkelijke werken:**
  - *Hygiëne en de moordenaar* (1992), roman
  - *Fear and Trembling* (1999), roman
  - *Levensvorm* (2010), roman

Amélie Nothomb, in 1967 in Japan geboren in een familie van diplomaten, bracht haar jeugd en adolescentie door tussen Azië en de Verenigde Staten, volgens de opdrachten van haar vader.

Ze studeerde af in Romeinse talen en literatuur aan de Université Libre de Bruxelles. Na een mislukte poging om naar Japan terug te keren, publiceerde ze in 1992 haar eerste roman, *Hygiëne en de moordenaar*, en begon ze een schrijf-carrière die resulteerde in vele romans die met regelmatige tussenpozen werden gepubliceerd. Nothomb portretteert zichzelf in verschillende van haar korte romans, die vaak het verhaal vertellen van moeizame relaties tussen een slachtof-fer en een kwelgeest. Dialoog is haar favoriete uitdrukkingsvorm.

Amélie Nothomb behoort tot de meest gelezen Franstalige auteurs van dit moment en geniet ook van een uitzonderlijke media-exposure.

MET ANGST EN BEVEN

OP HET KRUISPUNT TUSSEN AUTOBIOGRAFIE EN FICTIE

- **Genre:** roman
- **Referentie-uitgave:** Nothomb, A. (2002) *Met angst en beven*. Trans. Hunter, A. St. Martin's Griffin: New York.
- **Eerste editie:** 1999
- **Thema's:** werk, Japan, cultuur, hiërarchie, westerse wereld, intimidatie

Met angst en beven is de achtste roman die Amélie Nothomb in 1999 publiceerde en waarvoor zij de Grand Prix du Roman van de Académie Française ontving.

In deze autobiografische tekst vertelt Nothomb over haar eerste beroepservaring in een bedrijf in Japan. Dit boek bood de gelegenheid om zich te verdiepen in de gebruiken van de Japanse samenleving en de hiërarchische verhoudingen op de werkplek, door de ogen van een westerling die zich wanhopig probeert te conformeren. Opnieuw gebruikt Nothomb het personage Amélie.

SAMENVATTING

EEN NIEUWE BAAN

Amélie, een jonge Belgische, arriveert voor haar eerste werkdag bij Yumimoto Company in Tokio. Ze ontmoet haar hiërarchische meerderen: Meneer Saito, de directeur van de boekhouding, meneer Omochi, de vice-president, meneer Haneda, de mysterieuze directeur die zich verstopt in zijn kantoor en die verrassend charmant blijkt als ze elkaar uiteindelijk ontmoeten, en tenslotte juffrouw Fubuki Mori, haar directe chef, wiens schoonheid haar fascineert. De vertelster, nog onwetend van de weg naar de hel die voor haar ligt, probeert de tijd te doden door de paar nutteloze taken uit te voeren die meneer Saito verlangt, terwijl ze Fubuki bewondert. Dan besluit ze de werknemers thee te serveren.

Door de rituele formules van beleefdheid te gebruiken, maakt de verteller de Japanse werknemers ongemakkelijk, omdat ze wantrouwig staan tegenover deze westerling die hun taal kent. Saito beveelt haar geen Japans meer te verstaan: zich afvragend hoe ze op zo'n bevel moet reageren, krijgt ze de sympathie van Fubuki. Nog steeds zonder werk begint ze de post uit te delen, terwijl ze zich met veel plezier voorstelt hoe het zou zijn om zich uit het raam van het bedrijf te gooien, maar opnieuw moet ze van die taak afzien: ze wordt beschuldigd van het stelen van andermans werk. Vervolgens roept ze zichzelf uit tot de officiële agenda-paginadraaier, totdat meneer Saito haar opdraagt een stel papieren te fotokopiëren en haar dat steeds opnieuw laat doen vanwege denkbeeldige onvolkomenheden.

EEN INITIATIEF MET SCHADELIJKE GEVOLGEN

Op dat moment ontmoet ze meneer Tenshi, die verantwoordelijk is voor de afdeling zuivelproducten. Hij stelt haar voor hem te helpen bij een project betreffende een Belgisch bedrijf. Omdat ze uit dat land komt, zou Amélie bijzonder nuttig kunnen zijn. De jonge vrouw begint met veel enthousiasme aan het project te werken, tot grote tevredenheid van meneer Tenshi. Het heeft echter verschrikkelijke gevolgen als Tenshi en Amélie worden ontboden door Omochi die hen heftig berispt voor hun initiatief. Tenshi vertelt een verbaasde Amélie dat Fubuki hen heeft aangegeven, omdat ze er niet tegen kon dat de carrière van haar ondergeschikte sneller ging dan die van haarzelf. Amélie vraagt om een ontmoeting met haar meerdere om de situatie op te helderen: Fubuki verklaart dat ze ze inderdaad had ingeleverd, en zegt dat ze haar niet mag.

Amélie probeert het gedrag van haar meerdere te begrijpen in het licht van de toestand van de Japanse vrouw – onderworpen aan oneerlijke regels en verstoken van geluk. Fubuki is een onberispelijke Japanse vrouw, maar ze is nog steeds vrijgezel. Beschaamd over haar lot probeert ze met een zielig verkeringsritueel acceptabele man te verleiden.

Vervolgens eist ze dat Amélie een factuur controleert. Amélie voert deze vervelende taak uit, terwijl ze de schoonheid van haar meerdere bewondert. Maar wanneer de boekhouder haar werk controleert, blijkt dat ze een aantal belangrijke fouten heeft gemaakt. Fubuki, woedend, gelooft dat dit een vorm van wraak is: Amélie ontkent de beschuldiging en vraagt om een opdracht waarbij ze haar verstand moet gebruiken. Fubuki draagt haar op een onkostenrekening te controleren, wat Amélie niet kan. Toch besluit ze 's nachts door te werken om de deadline te halen en op een nacht, in een staat van totale uitputting, kleedt ze zich plotseling uit midden in de kantoren van Yumimoto, om zich vervolgens te verstoppen onder een stapel afval, waar haar collega's haar de volgende ochtend vinden. Omdat ze gefaald heeft in haar taak, wordt ze belast met het serveren van drankjes aan iedereen en bij die gelegenheid ontmoet ze meneer Haneda.

Wanneer de vice-president Omochi Fubuki publiekelijk vernedert, volgt Amélie woedend haar meerdere naar de toiletten om haar te troosten. Fubuki interpreteert dit gebaar als een wens om haar nog meer te vernederen. Uit wraak belast ze Amélie met het schoonmaken van de toiletten. In haar nieuwe rol komt ze vaak in aanraking met haar meerderen en in het bijzonder met Fubuki, die vaak op haar neerkijkt. Amélie geeft niet op en kiest ervoor zichzelf ervan te overtuigen dat de wraakzucht van haar overste een manier is om haar uit te kiezen; Fubuki lacht haar in haar gezicht uit.

Een paar dagen voor het einde van haar contract gaat Amélie, die besloten heeft om ondanks alles tot het einde te blijven om geen gezichtsverlies te lijden, naar elk van haar superieuren om hen mee te delen dat ze haar contract met Yumimoto niet wil verlengen. Ze neemt daarbij de houding aan van de perfecte Japanse werknemer en ziet tot haar genoegen dat dit geveinsde berouw Fubuki in extase brengt.

Na de nieuwjaarsvakantie gaat Amélie nog een laatste keer naar kantoor, om uiteindelijk met een bezwaard gemoed te vertrekken. Als de Golfoorlog begint, gaat ze terug naar Europa en publiceert *Hygiëne en de moordenaar*: bij die gelegenheid stuurt Fubuki haar een felicitatie in het Japans, wat haar erg blij maakt.

KARAKTERSTUDIE

AMÉLIE, DE VERTELSTER

De verteller geeft geen informatie over haar uiterlijk. Haar collega's bij Yumimoto noemen haar "Amélie-San"; haar familienaam wordt echter nooit genoemd.

Een in Japan geboren Belgische keert als pas afgestudeerde terug naar haar geboorteland om er te werken. Ze begint bij Yumimoto's, neemt bestellingen van iedereen aan en is vol goede bedoelingen. Ze wil haar plaats vinden in het bedrijf, want dat is essentieel om in Japan te kunnen leven.

Haar goede wil, zichtbaar in de vele extra uren die zij werkt en haar wens om iets nuttigs te doen, wordt belemmerd door haar competentie op het gebied van accountancy en gebrek aan kennis van de Japanse manier van denken, waardoor zij veel fouten maakt. Ze maakt onder andere fouten door te proberen haar verantwoordelijkheden te overschrijden door met meneer Tenshi samen te werken. Hiervoor wordt ze niet alleen heftig berispt door vice-president Omochi, maar wordt ze ook het onderwerp van de wraakzuchtige haat van haar meerdere. Vanaf dat moment ondergaat Amélie een razend-snelle sociale val binnen het bedrijf, waarbij Fubuki haar nog meer probeert te vernederen, tot het punt dat ze haar laat werken als toiletjuffrouw op de 44th verdieping. De vertelster wordt getroffen door deze obstakels: ze heeft een moment van bijna-gekte waarbij ze op het werk haar kleren uittrekt en zich bedekt met afval; ze huilt van vernedering als ze in de toiletten werkt; ze ontsnapt uit het kantoor door zich voor te stellen dat ze zichzelf uit het raam heeft gegooid. Maar Amélie is ook trots en vastberaden, want ondanks het vernederende werk weigert ze ontslag te nemen en besluit ze bij Yumimoto te blijven tot het einde van haar contract, zoals een echte Japanse zou doen.

De beroepservaring is mislukt: De vertelster kan zich niet aanpassen aan een Japans bedrijf, vraagt geen verlenging van haar contract en gaat terug naar Europa. Toch zegt ze dat ze veel geleerd heeft. Deze leertijd is zichtbaar op drie gebieden:

- De Japanse gebruiken: ze gebruikt de gepaste nederige houding om afscheid te nemen van haar werkgevers;

- De andere mensen: in het begin beschouwt Amélie Fubuki als een engel en meneer Saito als een slecht personage, maar ze leert mensen beter kennen en leert ze helder te beoordelen;

- Zijzelf: de vertelster leert dat Japan, het land waar zij dacht bij te horen, geen plaats is waar zij zou kunnen leven en groeien. Ze gaat terug naar Europa en wordt schrijfster.

JUFFROUW FUBUKI MORI

Amélie's directe hiërarchische meerdere, Fubuki Mori is een van de weinige vrouwen met een belangrijke positie bij Yumimoto's. Haar ongelooflijke schoonheid fascineert de verteller vanaf het moment dat ze elkaar ontmoeten, net als haar naam, die "sneeuwstorm" betekent. Fubuki's schoonheid en ogenschijnlijke vriendelijkheid verbergen echter een complexere persoonlijkheid.

Als ambitieuze vrouw in een vrouwonvriendelijke maatschappij betaalt ze de prijs voor haar professionele succes. Met haar 29 jaar is ze nog steeds single en ze ziet haar gebrek aan een echtgenoot als een mislukking, in overeenstemming met de Japanse normen. Ze heeft jaren geleden om te komen waar ze nu is en nog moet ze zich laten vernederen door Omochi. Fubuki is ook een trots dat het idee niet kan verdragen dat haar ondergeschikte getuige was van haar vernedering, of dat zij sneller op de ladder klimmen dan zij.

Terwijl Amélie Fubuki aanbidt en vriendelijke gevoelens koestert, voelt deze laatste de behoefte haar te vernederen. Ze maakt van haar een toiletjuffrouw en komt haar elke dag opzoeken om van haar vernedering te genieten. Als de verteller het kantoor echter heeft verlaten, feliciteert Fubuki haar met de publicatie van haar eerste boek: ze ziet Amélie niet langer als een rivale en kan weer vriendschappelijke gevoelens koesteren.

MR. SAITO

De directeur van de boekhoudafdeling en ongeveer vijftig jaar oud, hij heeft een schorre stem en is klein, dun en lelijk. Hij geeft de verteller absurde, repetitieve en nutteloze taken en is altijd ongelukkig met de resultaten. De verteller wordt gegrepen door het minder aangename uiterlijk van meneer Saito en denkt eerst dat hij gemeen en dom is. Ze verandert echter van mening. Saito ergert zich namelijk aan de manier waarop ze behandeld wordt en toont vriendelijkheid jegens haar. Uiteindelijk ziet ze hem als één Japanse man tussen duizenden anderen, die vastzit in een systeem dat hem waarschijnlijk niet bevalt, maar dat hij nooit zal uitdagen omdat hij te zwak is en geen verbeelding heeft.

MR. OMOCHI

De vice-president van Yumimoto, meneer Omochi, is enorm en angstaanjagend. De verteller beschrijft hem vaak als te zwaar, hij eet walgelijk voedsel en wekt afschuw. Hij mist empathie en lijkt niet in staat de gevoelens van andere mensen te begrijpen. Hij zegt bijvoorbeeld zonder een zweem van ironie dat de vertelster blij moet zijn dat ze een baan heeft, terwijl ze de toiletten van de verdieping 44th moet bedienen. In de hele roman wordt meneer Omochi gekenmerkt door zijn woede-uitbarstingen, waarbij hij zijn ondergeschikten op sadistische wijze vernedert. Onder de mensen die zijn slachtoffers worden zijn meneer Saito, meneer Tenshi Amélie en Fubuki. Omochi vertegenwoordigt de wreedheid en brutaliteit van willekeurig gezag.

MENEER HANEDA

De president van Yumimoto, de heer Haneda, is het alter ego van de heer Omochi: hij is God, terwijl zijn vice-president de duivel is. De president is echter een verborgen god: hij is de enige meerdere de vertelster niet heeft gezien bij haar aankomst. Zijn uiterlijk is opvallend: hij heeft een mager lichaam, een uitzonderlijk elegant gezicht, en hij wekt de indruk van goedheid en harmonie. Haneda's schoonheid is een uiterlijk teken van zijn goedheid. Hij is ontdaan als hij ziet dat de jonge vrouw is toegewezen aan de toiletten, en is de enige die enige empathie toont als zij haar ontslagbrief komt inleveren.

MR. TENSHI

De directeur van de afdeling zuivelproducten, meneer Tenshi's naam betekent "engel", wat goed bij hem past. Zijn houding tegenover de vertelster haaks op die van de andere personages. Hij vertrouwt haar en geeft haar verantwoordelijkheden door haar te vragen een rapport te maken over een Belgische coöperatie. Hij behandelt haar ook met een gevoeligheid en bedachtzaamheid die geen enkele andere leidinggevende ooit gebruikt bij ondergeschikten. Bovendien toont hij discreet zijn afkeuring van de methodes van meneer Saito en staat hij aan de basis van een toiletboycot wanneer de verteller toiletbediende wordt. Meneer Tenshi is een aardige en sympathieke werknemer, maar hij is ook machteloos: zijn pogingen om met Amélie samen te werken lopen uit op een berisping door de vice-president, terwijl zijn boycot Amélie niet uit haar functie haalt.

ANALYSE

TUSSEN EEN AUTOBIOGRAFIE EN EEN BEROEPSVERHAAL

Het autobiografische genre wordt gedefinieerd door een correspondentie tussen de auteur, de verteller en de hoofdpersoon, en door het ware karakter van de roman: de auteur-verteller verbindt zich ertoe de dingen precies zo te vertellen als in hun herinneringen.

In het geval van *Fear and Trembling* weten we dat het een autobiografisch verslag is, vooral door extratextuele elementen: Sinds de uitgave heeft de auteur het autobiografische karakter van het verhaal behouden. De tekstuele aanwijzingen zijn onduidelijker. Sommige mensen beweren dat de roman een autobiografie is omdat:

• De tekst is geschreven in de eerste persoon en de verteller is de hoofdpersoon;

• De hoofdpersoon heet Amélie en is, net als Amélie Nothomb, Belgische, geboren in de Japanse provincie Kansai, afgestudeerd in de Romeinse taal- en letterkunde en auteur van *Hygiëne en de moordenaar*.

Andere tekstuele elementen lijken echter te wijzen op een werk van fictie:

• Het boek draagt de ondertitel "roman";

- De vertelster legt uit waarom ze ervoor gekozen heeft het bedrijf waar ze werkt Yumimoto te noemen, waarmee ze impliciet toegeeft dat deze naam een verdraaiing van de werkelijkheid is.

Met angst en beven is ook het verhaal van de roeping van de auteur om te schrijven. Deze roeping wordt eigenlijk beschreven als een secundaire keuze. Aan het begin van de tekst wil Amélie vooral in het bedrijf Yumimoto passen om herenigd te worden met het land waar ze vroeger dacht bij te horen. Haar eerste roeping is leven in Japan. De vertelster besluit pas schrijfster te worden als ze merkt dat ze niet in Japan kan leven en werken. Ze gaat dan terug naar Europa en publiceert *Hygiëne en de moordenaar*.

INTERTEKSTUALITEIT IN DE TITEL

Voor de Europese lezer is de titel een duidelijke herinnering aan Kierkegaards (1813-1855) *Vrees en beven* (1843).

De roman geeft echter een andere verklaring voor deze titel: volgens de oude keizerlijke etiquette moet de keizer met Met angst en beven worden aangesproken, vanwege zijn goddelijke aard. Dit is ook de reden waarom Amélie, wanneer zij haar besluit om te vertrekken aankondigt aan haar superieuren, begint te beven. Daarom lijkt Nothomb de titel van haar roman te hebben ontleend aan de Japanse etiquette in plaats van aan de Europese traditie. Toch lijkt de vertelster gedurende de hele roman niet in staat om met deze Japanse etiquette in het reine te komen en voortdurend fouten te maken. Aan het eind van de roman lukt het haar plotseling om de juiste houding aan te nemen en doet ze wat er van een

Japanse werknemer wordt verwacht. Op dat moment heeft ze het eindelijk voor elkaar en heeft ze zich aangepast aan de gebruiken. Het gaat meer om lijken dan om zijn: de angst en het beven zijn het resultaat van een bewuste en doordachte zelfrepresentatie, die wordt vergeleken met het spel van acteurs in een samoeraifilm. Het beheersen van deze codes is een vaardigheid die Amélie vrij laat verwerft, op het moment dat ze vertrekt; het stelt de verteller niet in staat zich in Japan te integreren. De titel *Met angst en beven* gaat dan ook over de mislukking van Amélie's zoektocht, die haar naar haar roeping als schrijfster leidt.

EEN GESLOTEN RUIMTE

Fear and Trembling speelt zich volledig af binnen de locatie van Yumimoto – eerst in de kantoren van de boekhoudafdeling, daarna in de toiletten van de 44th verdieping. Er wordt niets gezegd over het leven van de verteller buiten het bedrijf. De verteller rechtvaardigt deze verhaalkeuze zelf door drie belangrijke redenen aan te voeren:

- Haar werk neemt de meeste tijd in beslag;

- Wat er buiten gebeurt is irrelevant;

- Vanuit de plaats van haar vernedering, namelijk de toiletten waar ze als toiletjuffrouw werkt, lijkt de buitenwereld onwerkelijk.

De roman ontwikkelt slechts één onderwerp – de baan van de verteller in een Japans bedrijf – in slechts één ruimte, die gesloten en steeds kleiner wordt. Daarom ontvouwt het verhaal zich in een gevangenisachtig en verstikkend universum.

Voor de vertelster is defenestratie de enige uitweg: in haar verbeelding gooit ze zich regelmatig uit het raam. Ze stelt dat deze denkbeeldige ontsnapping haar leven heeft gered.

Echt weggaan uit het kantoor gebeurt pas aan het eind: na een jaar werken vraagt de vertelster om haar contract niet te verlengen. Het vertrek bij Yumimoto markeert het einde en de mislukking van haar Japanse avontuur, haar terugkeer naar Europa en haar intrede in de literaire wereld.

ANDERHEID

Door bij Yumimoto te gaan werken, probeert de vertelster, een in Japan geboren Belgische, zich in te passen in haar geboorteland. Maar haar reacties binnen bedrijf zijn blijkbaar nooit adequaat en irriteren haar superieuren. Op zoek naar een verklaring voor het gedrag van hun werknemer, wijten zij dit voortdurend aan haar vreemdheid, omdat zij de wenkbrauwen fronsen over wat zij de "inferioriteit van de westerse geest" noemen: deze handicap zou verklaren waarom Amélie niet in staat is orders uit te voeren die elke andere Japanse werknemer wel zou kunnen uitvoeren. Het hoogtepunt van deze situatie wordt waarschijnlijk bereikt wanneer meneer Saito de vertelster beveelt geen Japans meer te verstaan. Terwijl ze zegt dat ze niet aan zo'n bevel kan gehoorzamen, troost ze zich met de gedachte dat het westerse brein beperkt is in vergelijking met het Japanse brein. Bovendien scheidt dit bevel haar van de groep waartoe ze wil behoren: hoewel ze Japans zou willen worden, laat haar overste haar in zekere zin zien dat ze bij Yumimoto alleen kan worden getolereerd door een buitenlander, een niet-Japanner te blijven. Via het specifieke geval van de vertelster wordt in de roman een cultuurclash geïllustreerd.

De afwijzing van het Japanse volk brengt haar ertoe zichzelf van het bedrijf uit te sluiten, door te vragen haar contract niet te verlengen. Na haar Japanse mislukking, bij de publicatie van haar eerste boek, ontvangt ze echter een in het Japans geschreven felicitatiebericht van Fubuki: dit bericht, dat de verteller erkenning biedt, vervult haar met vreugde. Maar het komt te laat, wanneer Amélie het land al voorgoed heeft verlaten om in Europa te gaan wonen.

Humor, alomtegenwoordig in de roman, is nauw verbonden met het onderwerp anders-zijn. De verteller maakt gebruik van zelfspot en benadrukt zowel de vernedering van positie bij Yumimoto als haar onbekwaamheid met betrekking tot sommige taken. Deze vorm van humor werkt als *captatio benevoletiae* voor de lezers (het wekt hun sympathie en welwillendheid op). De verteller gebruikt ook ironie om bepaalde Japanse gewoonten weer te geven. De ironische uitspraak draagt per definitie geen tekenen van afstandelijkheid. Ze kan alleen als ironisch worden opgevat door lezers die hetzelfde referentiekader en dezelfde overtuigingen hebben als degenen die de uitspraak doen – namelijk niet-Japanse, lezers. Terwijl Amélie zich in het verhaal in de positie van de ander, de buitenlander bevindt, draagt de humor in de vertelstrategie ertoe bij dat de Japanners de anderen worden, waartegen een wereldwijd 'wij', inclusief de verteller en de westerse lezers, zich afzet.

VERDER LEZEN

ENKELE VRAGEN OM OVER NA TE DENKEN...

- Kijk naar de incipit van *Fear and Trembling*. Hoe introduceert het de onderwerpen en ontwikkelingen die in de roman worden besproken?

- In deze roman, waarin hiërarchische verhoudingen cruciaal zijn, zijn er veel scènes waarin een hoofdpersoon een andere hoofdpersoon vernedert. Hoe wordt de relatie kwelgeest/slachtoffer in deze roman weergegeven? Welke personages zijn bij deze relatie betrokken?

- In *Fear and Trembling staat* een lang fragment waarin geprotesteerd wordt tegen het lot van de Japanse vrouw. Betekent dit dat de roman gezien kan worden als een feministisch werk? Rechtvaardig je mening.

- De vertelster geeft commentaar op de namen van verschillende personages. Welk verband legt ze tussen de namen en de personen die ze dragen?

- De verteller deelt de meeste personages in op basis van schoonheid en lelijkheid. Hoe worden deze personages beschreven? Welke kenmerken hangen samen met het uiterlijk? Welke rol speelt het uiterlijk in het oordeel van de verteller over de personages?

- Als ze zich verveelt, gooit de verteller zich graag in verbeelding door het raam, of om Fubuki te bewonderen. Het zicht is dus een zintuig dat in de roman specifiek wordt benadrukt. Waarom? Waar staat dit zintuig voor, symbolisch gezien?

- Welk beeld geeft de roman van Japan en zijn samenleving? Is dit beeld eenduidig?

- De auteur noemt het Japan van haar jeugd een mythologische plek. Ze bespreekt haar Japanse jeugd ook in *Het karakter van regen*. Hoe wordt Japan in dit boek afgeschilderd als een mythologische plaats?

- De verfilming door Alain Corneau is zeer trouw aan de tekst van Nothomb, met een voice-over die hele samenvattingen uit de roman voorleest. Wat zijn volgens u de sterke en zwakke punten van deze keuze?

VERDER LEZEN

REFERENTIE-UITGAVE

Nothomb, A. (2002) *Met angst en beven* Trans. Hunter, A. St. Martin's Griffin: New York.

REFERENTIESTUDIES

Amanieux, L. (2005) *Amélie Nothomb, l'éternelle affamée*. Parijs : Albin Michel.

Amanieux, L. (2009) *Le Récit siamois: identité et personnage dans l'œuvre d'Amélie Nothomb*. Parijs: Albin Michel.

Narjoux, H. (2004) *Nothomb, Stupeur et tremblements*. Parijs: Ellipses.

AANPASSINGEN

Fear and Trembling. (2002) [Film]. Alain Corneau. Frankrijk: Canal+.

*We horen graag van jou! Laat
een reactie achter op jouw online bibliotheek
en deel je favoriete boeken op social media!*

Waarom kiezen voor Must Read?

Kom alles te weten over een boek met onze beknopte en diepgaande samenvattingen en analyses!

Ontdek het beste uit de literatuur in een compleet nieuw licht!

De uitgever garandeert de betrouwbaarheid van de gepubliceerde informatie, die echter niet onder zijn verantwoordelijkheid valt.

www.50minutes.com

Master ISBN: 9782808687928
Papier ISBN: 9782808699327
Wettelijk depot: D/2023/12603/1212

Omslag: © Primento

Digitaal ontwerp: Primento, de digitale partner van uitgevers.